Dieses Buch gehört:

Lorena

Matthias von Bornstädt, Vincent Andreas
mit Bildern von Linda Kohlbaum

Hexenstarke Abenteuer mit Bibi Blocksberg

3 Geschichten zum Lesenlernen plus Hexenquiz

Bibi Blocksberg
Lesen lernen
1. Klasse
ab 6 Jahren

Klett Lerntraining

Bibliografische Information der Deutschen Nationalbibliothek
Die Deutsche Nationalbibliothek verzeichnet diese Publikation in der Deutschen Nationalbibliografie; detaillierte bibliografische Daten sind im Internet über http://dnb.d-nb.de abrufbar.

Dieses Werk folgt der neuesten Rechtschreibung und Zeichensetzung.

Auflage 3 2 1 | 2014 2013 2012

Dieser Sammelband enthält die Einzelbände: Bibi und das Drachenbaby, Bibi und der Turbobesen, Ärger in der Hexenschule

Redaktion: Susanne Stephan, Jutta Dahn
Lizenz durch KIDDINX Media GmbH
Lahnstraße 21, 12055 Berlin

www.bibiblocksberg.de

www.klett.de/lernhilfen, www.lesedrachen-club.de
Teamleiterin Lernhilfen Grundschule: Susanne Schulz
Redaktion: Jette Maasch
Umschlaggestaltung und Layout: Sabine Kaufmann, Stuttgart
Umschlagillustration: Linda Kohlbaum, Berlin
Satz: GreenTomato GmbH, Stuttgart
Druck: G. Canale & C. S.p.A., Turin
Printed in Italy
ISBN 978-3-12-949085-3

Inhalt

Bibi und das Drachenbaby

von Matthias von Bornstädt
mit Bildern von Linda Kohlbaum

Barbaras altes Bilderbuch

Bibi und ihr Vater Bernhard
sind für ein paar Tage allein.
Denn Bibis Mutter Barbara
ist bei einem Hexentreffen.

Heute räumen Vater und Tochter zusammen den Dachboden auf. Sie finden viele tolle Dinge!

„Hier ist ein altes Bilderbuch!
Das muss von Mami sein“,
meint Bibi und liest den Titel:
„Fauchi, das rosa Drachenbaby.“

Bibi blättert in dem Buch.
„Ist der kleine Drache süß!“,
ruft sie.
„Den will ich gern haben!“

Schnell hext Bibi:
„Eene meene Fabeltier,
Drachenbaby, komm zu mir!
Hex-hex!“

Schon liegt der Drache
auf Bibis Schoß.
Er faucht verwundert
und spuckt eine kleine Flamme.

„Ach, darum heißt du Fauchi!“,
kichert Bibi.
Doch Bernhard ruft erschrocken:
„Ein kleiner Brandstifter!“

Er verbietet Fauchi
im Haus zu bleiben.
Also geht Bibi mit ihm
zum Spielen nach draußen.

Ein Ausflug mit Folgen

Bibi läuft mit Fauchi
zum Spielplatz.
Es ist ein nasskalter Tag.
Überall schillern Pfützen.

Fauchi hüpft vergnügt
von einer Pfütze zur anderen.
Hui, wie das spritzt!

Doch was ist das?
Plötzlich verändert sich
Fauchis Hautfarbe!
Er wird blau von Kopf bis Fuß.

„Was ist denn mit dir los?“,
fragt Bibi besorgt.
Fauchi antwortet leise:
„Blubb, blubb …“

Dann öffnet er die Schnauze.
Aber statt Feuer
spuckt Fauchi jetzt Wasser!

„Auweia!“
Bibi hat einen Verdacht:
„Hast du dich etwa
in den Pfützen erkältet?“

Bibi bringt Fauchi nach Hause.
„Am besten hext du ihn schnell
in das Buch zurück!“,
schlägt Bernhard vor.

Bibi schüttelt den Kopf:
„Dann bleibt Fauchi
vielleicht für immer erkältet!
Er muss erst gesund werden!“

Bibi sucht ein Heilmittel

Bibi setzt Fauchi
in ein heißes Bad.
Fauchi planscht darin
wie ein kleiner Weltmeister.

Das Bad zeigt Wirkung:
Fauchi färbt sich wieder rosa.
Nur mit dem Feuerspucken
will es noch nicht klappen.

„Da hilft bestimmt ein Tee“,
vermutet Bibi.
Leider irrt sie sich.
Fauchi mag nämlich keinen Tee.

Bibi probiert alles Mögliche.
Aber nichts wirkt.
Das macht Bibi ganz traurig.

Irgendwann ruft Bernhard
Bibi zum Abendbrot.
Es gibt Pizza mit Peperoni.
Aber Bibi hat keinen Appetit.

Doch Fauchi schmatzt
und schnappt sich eine Peperoni.
Plötzlich pufft wieder Rauch
aus seiner kleinen Schnauze!

Auf einmal begreift Bibi:
„Er braucht Peperoni!
Weil die so feurig-scharf sind!“
Sie gibt Fauchi mehr davon.

Schon spuckt er wieder Feuer,
und Bibi ist sehr erleichtert.
Nun kann sie Fauchi
zurück ins Bilderbuch hexen.

Hexen-Quiz

1 Wie heißt das Drachenbaby?

- Rauchi
- Hauchi
- Fauchi

2 Wo ist Bibis Mutter Barbara?

- bei einem Hexenfest
- bei einem Hexentreffen
- bei einem Hexenessen

3 Wie antwortet das Drachenbaby, als es sich erkältet hat?

- „Blobb, blobb …“
- „Blabb, blabb …“
- „Blubb, blubb …“

4 **Welches Heilmittel probiert Bibi zuerst aus?**

- ◯ einen heißen Tee
- ☒ ein heißes Bad
- ◯ feurig-scharfe Peperoni

5 **Was passiert, nachdem Fauchi gebadet wurde?**

- ☒ Er wird wieder rosa.
- ◯ Er spuckt wieder Feuer.
- ◯ Er wird wieder ganz gesund.

6 **Warum hext Bibi Fauchi nicht zurück ins Bilderbuch?**

- [ ] Sie kennt den Hexspruch nicht.
- [x] Fauchi muss erst gesund sein.
- [ ] Vater Bernhard verbietet es.

7 **Warum möchte Bernhard nicht, dass Fauchi im Haus bleibt?**

- [ ] weil er so frech ist
- [ ] weil er verhext ist
- [x] weil er Feuer spuckt

8 **Wieso hat Bibi beim Abendbrot keinen Appetit?**

- [ ] Sie ist abgelenkt, weil Fauchi so lustig schmatzt.
- [ ] Sie ist sauer, weil ihr Vater Fauchi nicht mag.
- [x] Sie ist traurig, weil sie kein Heilmittel findet.

9 Zu welchem Monat passt die Geschichte am besten?

- [ ] zum November
- [ ] zum August
- [x] zum Juli

10 Welchen Hexspruch könnte Bibi am Ende sagen?

- [ ] „Eene meene allerhand, Fauchi fliegt ins Drachenland!“
- [x] „Eene meene Drachenglück, Fauchi kehrt ins Buch zurück!“
- [ ] „Eene meene Drachen-Ei, Fauchi ist für immer frei!“

Bibi und der Turbo-Besen

von Vincent Andreas
mit Bildern von Linda Kohlbaum

Ein toller Hexspruch

Nach dem Hexunterricht
sitzen Bibi und Schubia
auf ihrer Lieblingsinsel
und quatschen.

Plötzlich stellt Bibi fest,
dass es schon spät ist.
Eigentlich soll sie
pünktlich zu Hause sein!

„Kein Problem!“,
ruft Schubia.
Sie hat in einem Hexbuch
einen tollen Spruch gefunden.

„Der macht aus jedem Hexenbesen einen schnellen Turbo-Besen“, prahlt die wilde Junghexe.

„Funktioniert das wirklich?“,
fragt Bibi.
Doch Schubia
fängt schon an zu hexen:

„Eene meene wildes Wesen
werde jetzt ein Turbo-Besen!
Hex-hex!“

Auf ihrem Besen Kartoffelbrei
zischt Bibi davon.
Doch leider nicht nach Hause.
Sie fliegt in Richtung Neustadt!

„Da stimmt was nicht“,
denkt Schubia.
Schnell braust sie hinterher.

Wirbel in Neustadt

Bibi ist inzwischen
ganz schön mulmig zumute.
Sie kann Kartoffelbrei
einfach nicht mehr anhalten.

Schon ist sie in Neustadt
und rast auf den Marktplatz zu!
„Achtung! Aus dem Weg!“,
ruft sie.

Kartoffelbrei saust dicht
über die Köpfe der Leute hinweg.
Glück gehabt!

Er fliegt weiter zum Frisör.
Auweia!
Das gibt ein Durcheinander!

Ehe Bibi durchatmen kann,
zischt Bibis Besen
weiter durch eine Bäckerei.

Dann fegt er bei Karla Kolumna
alle Papiere vom Tisch.
Und rast schließlich genau
auf die Kirchturmspitze zu.

„Hiiilfe!“, ruft Bibi panisch.
Da kommt Schubia angeflogen.
Im letzten Moment
fällt ihr ein Nothexspruch ein.

„Ratz-fatz,
Kurve kratz!
Hex-hex!“, ruft Schubia
und Kartoffelbrei dreht ab.

In letzter Sekunde

Jetzt rast Bibi
auf ihrem Besen nach Hause.
Sie kann ihn
immer noch nicht bremsen.

In vollem Tempo
landet sie in der Wäsche,
die im Garten hängt.
Oh nein, alles ist schmutzig!

Da ruft Bibis Mutter Barbara
aus dem Haus:
„Bibi? Bist du das?“

Jetzt muss Bibi schnell hexen!
„Eene meene kurze Beine,
Wäsche sauber an die Leine!
Hex-hex!“

Das war in letzter Sekunde!
Barbara kommt in den Garten.
Sie ist zufrieden,
weil Bibi pünktlich ist.

„Wie sehen denn
deine Haare aus?“,
wundert sich Bibis Mutter.

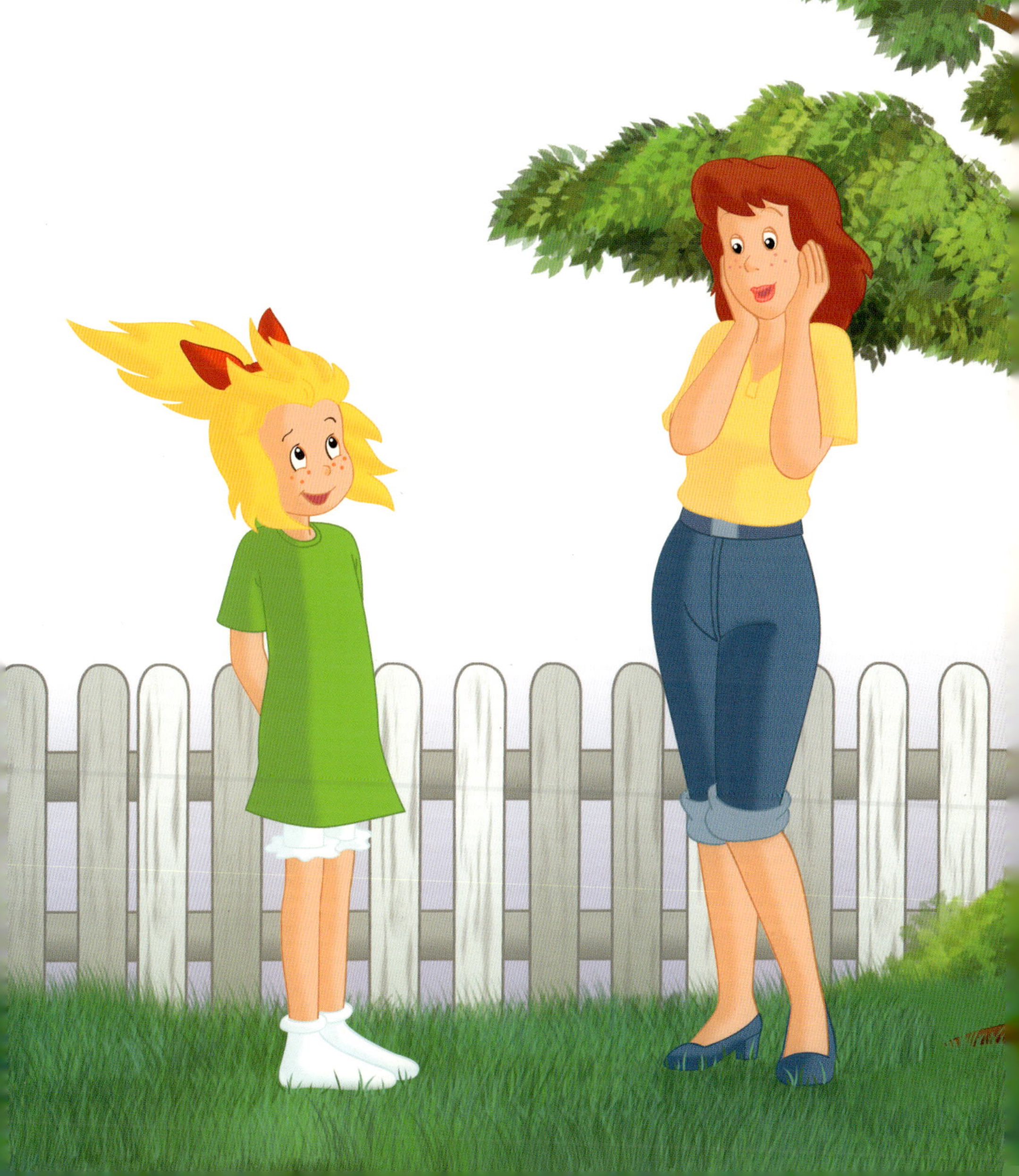

„Ich wollte auch gerne mal
so eine Frisur
wie Schubia haben“,
lacht Bibi.

Bibi und Schubia
zwinkern sich vergnügt zu.
Dann fliegt Schubia davon,
ganz langsam und gemütlich.

Hexen-Quiz

1 Wie heißt Bibis Freundin?

- ◯ Subia
- ◯ Stubia
- ☒ Schubia

2 Wohin rast Bibis Besen?

- ◯ nach Neuburg
- ◯ nach Neudorf
- ☒ nach Neustadt

3 Was ist ein Turbo-Besen?

- ◯ ein besonders langsamer Besen
- ◯ ein besonders turbulenter Besen
- ☒ ein besonders schneller Besen

4 **Was passiert beim Frisör?**

- ◯ Bibis Mutter lässt sich die Haare schneiden.
- ◯ Bibi lässt sich die Haare färben.
- ☒ Kartoffelbrei bringt alles durcheinander.

5 **Was macht Bibi nicht mit der schmutzigen Wäsche?**

- ◯ Sie hext sie sauber.
- ☒ Sie hext sie gebügelt.
- ◯ Sie hext sie an die Leine.

6 Weshalb wird Kartoffelbrei verhext?

- ◯ damit Bibi schneller zum Unterricht kommt
- ◯ damit Bibi beim Flugwettbewerb gewinnt
- ⊗ damit Bibi rechtzeitig nach Hause kommt

7 Warum ist Bibi mulmig zumute?

- ◯ weil sie zu hoch fliegt
- ⊗ weil sie Kartoffelbrei nicht mehr anhalten kann
- ◯ weil sie zu spät nach Hause kommen wird

8 Bibi hat panische Angst, dass sie …

- ⊗ … mit dem Kirchturm zusammenstößt.
- ◯ … immer im Kreis herum fliegt.
- ◯ … vom Besen herunterfällt.

9 Warum wundert sich Bibis Mutter?

- ◯ weil Bibi pünktlich ist
- ◯ weil Bibi die Wäsche aufgehängt hat
- ☒ weil Bibi die Haare zu Berge stehen

10 Was denkt Bibi vermutlich nach diesem Erlebnis?

- ◯ „Nie wieder fliegen!“
- ☒ „Nie wieder dieser Hexspruch!“
- ◯ „Nie wieder mit Schubia quatschen!“

Ärger in der Hexenschule

von Vincent Andreas
mit Bildern von Linda Kohlbaum

Nachsitzen!

Es knallt und zischt
im Finsterwald.
Aus Manias Hexenschule
quillt schwarzer Rauch.

Die Althexe ist sauer.
Bibi und ihre Freundin Flauipaui
haben ihre Hausaufgaben
nicht gemacht.

Im Fach Hexsprüche
ging darum alles durcheinander.
Jetzt müssen die beiden
am Nachmittag nachsitzen.

„Zur Strafe übt ihr nun
den Drehwurm-Hexspruch“,
tobt die Lehrerin.
Aber das ist nicht so einfach!

Die anderen Junghexen
dürfen nach Hause fliegen.
Tante Mania will inzwischen
im Wald Hexenkräuter suchen.

„Wenn ich zurück bin,
könnt ihr den Spruch!“,
sagt die Althexe streng
und schlägt die Tür zu.

Konfetti und Rüssel

Im Hexbuch steht viel
über den Drehwurm-Hexspruch.
Das will Bibi nicht alles lesen.
Sie hext lieber drauflos:

„Eene meene vor – zurück,
verdreht sind Sprüche
Stück für Stück!
Hex-hex!“

Nichts passiert.
Bibi und Flauipaui sind ratlos
und lesen nun doch
im Hexbuch nach.

Tatsächlich! Da steht:
„Der Drehwurm-Hexspruch wirkt nur zusammen mit anderen Sprüchen."
Bibi probiert es sofort aus.

„Eene meene viel Konfetti,
hier sind Teller mit Spaghetti!
Hex-hex!“
Doch was ist das?

Überall im Zimmer
fliegt Konfetti umher.
Wenn das Tante Mania sieht!
Schnell noch einen Hexspruch!

„Eene meene Schweinerüssel,
Konfetti fliegt
in eine Schüssel!
Hex-hex!“

Plötzlich hat Flauipaui
einen rosa Rüssel im Gesicht!
„Oink, oink, oink!“,
grunzt sie laut.

Bibi hext gleich noch einmal:
„Eene meene dickes Ei,
weg sei diese Hexerei!
Hex-hex!“

Oh Schreck!
Jetzt ist Flauipaui ein Ei!
Und da kommt auch schon
Tante Mania zurück!

Der Drehwurm-Hexspruch

Bibi denkt scharf nach.
„Warum heißt der Spruch:
Drehwurm-Hexspruch?“
Plötzlich begreift sie!

Ihre Hexsprüche
wurden verdreht.
Es geschieht immer das,
was zuerst genannt wird.

Sie versucht es mit dem Spruch:
„Eene meene hex zurück,
das ist ein riesengroßes Glück!
Hex-hex!“

Und siehe da:
Alles ist wieder wie vorher!
Genau in diesem Moment
kommt Tante Mania herein.

Sie hat Bibis Hexspruch gehört
und lobt die beiden Junghexen.
„Ihr habt aufmerksam gelesen
und könnt den Spruch anwenden!“

„Wollt ihr noch mehr lernen?“,
fragt sie ihre Schülerinnen.
„Bloß nicht!“,
rutscht es Bibi heraus.

Die beiden wollen lieber
schnell nach Hause.
Sie steigen auf ihre Besen
und winken Tante Mania zu.

„Beim nächsten Mal lesen wir gleich den ganzen Text“, flüstert Flauipaui Bibi noch zu. Dann fliegen sie kichernd davon.

Hexen-Quiz

1 Wo spielt die Geschichte?

- im Ginsterwald
- im Gespensterwald
- im Finsterwald

2 Warum quillt aus Manias Haus schwarzer Rauch?

- Tante Manias Kuchen ist angebrannt.
- Es raucht immer, wenn Tante Mania wütend ist.
- Bibi und Flauipaui haben sich verhext.

3 **Wieso ist Tante Mania sauer? Bibi und Flauipaui ...**

- ◯ haben zu viel gequatscht.
- ◯ haben ihre Hausaufgaben nicht gemacht.
- ◯ haben im Unterricht gegessen.

4 **Was müssen Bibi und Flauipaui zur Strafe tun?**

- ◯ Hexenkräuter suchen
- ◯ aufräumen und putzen
- ◯ nachsitzen und üben

5 **Warum hext Bibi lieber direkt drauflos?**

- ◯ weil sie nicht glaubt, was in Hexbüchern steht
- ◯ weil sie Hexbücher doof findet
- ◯ weil sie lesefaul ist

6 Als Konfetti umherfliegt, hext Bibi noch einmal. Aus welchem Grund?

- [ ] Tante Mania wünscht sich Konfetti.
- [ ] Tante Mania liebt Konfetti.
- [x] Tante Mania mag keine Unordnung.

7 Was hat Flauipaui im Gesicht?

- [ ] einen rosa Schlüssel
- [x] einen rosa Rüssel
- [ ] eine rosa Schüssel

8 Was passiert durch den Drehwurm-Hexspruch?

- [ ] Würmer drehen sich im Kreis.
- [ ] Aus kurzen Sätzen werden lange Bandwurm-Sätze.
- [x] Hexsprüche werden verdreht.

9 **Woran merkt Tante Mania, dass Bibi den Hexspruch kann?**

- ☒ Sie hat gehört, dass Bibi mit dem richtigen Spruch gehext hat.
- ○ Sie sieht, dass in ihrem Haus keine Unordnung mehr herrscht.
- ○ Der schwarze Rauch hat sich verzogen.

10 **Welchen Spruch kann der Drehwurm-Spruch so verändern, dass eine Maus groß wird?**

- ○ Eene meene Hefekloß,
  diese Maus wird sofort groß!
  Hex-hex!
- ○ Eene meene Maus wird groß,
  auf dem Fluss, da schwimmt
  ein Floß! Hex-hex!
- ☒ Eene meene kein Gebell,
  diese Maus wird groß
  ganz schnell! Hex-hex!

Lösungen

Bibi und das Drachenbaby

1. Fauchi
2. bei einem Hexentreffen
3. „Blubb, blubb …“
4. ein heißes Bad
5. Er wird wieder rosa.
6. Fauchi muss erst gesund sein.
7. weil er Feuer spuckt
8. Sie ist traurig,
   weil sie kein Heilmittel findet.
9. zum November
10. „Eene meene Drachenglück,
    Fauchi kehrt ins Buch zurück!“

Bibi und der Turbo-Besen

1. Schubia
2. nach Neustadt
3. ein besonders schneller Besen
4. Kartoffelbrei
   bringt alles durcheinander.
5. Sie hext sie gebügelt.
6. damit Bibi
   rechtzeitig nach Hause kommt
7. weil sie Kartoffelbrei
   nicht mehr anhalten kann
8. … mit dem Kirchturm
   zusammenstößt.
9. weil Bibi die Haare zu Berge stehen
10. „Nie wieder dieser Hexspruch!“

Lösungen

Ärger in der Hexenschule

1. im Finsterwald
2. Bibi und Flauipaui haben sich verhext.
3. haben ihre Hausaufgaben nicht gemacht.
4. nachsitzen und üben
5. weil sie lesefaul ist
6. Tante Mania mag keine Unordnung.
7. einen rosa Rüssel
8. Hexsprüche werden verdreht.
9. Sie hat gehört, dass Bibi mit dem richtigen Spruch gehext hat.
10. Eene meene Maus wird groß, auf dem Fluss, da schwimmt ein Floß! Hex-hex!